Picasso

Picasso

Picasso

发 现 艺 术 家

献给文森特

发 现 艺 术 家

谁是毕加索？

[德] 布丽塔·本克 著　南曦 译

毕加索与他的孩子们的铅笔画

6　毕加索？毕加索！毕加索！

8　小丑的绚丽服装

12　形状的游戏

16　毕加索的一生

22　我不寻找，我看见

30　毕加索，变化的艺术家

36　在工作室

37　创意工作坊

38　博物馆

41　有一天我拿起自行车座……

毕加索？

毕加索！毕加索！

你听说过毕加索这个名字吗？

毕加索是世界上最著名的画家之一。在他的画作中，他常把人物和物品画成与我们所习惯的不同的样子，比如说把许多个面画在一起。他就是这样令世人震惊。

毕加索对孩子如何画画很感兴趣。当他已经是知名画家时，他说："看到孩子在外面的街上或墙上画画，我总是停住脚步。他们手下诞生的东西不可思议，我总能从中学到些什么。"

他经常与他的儿子克劳德、女儿帕洛玛共同作画，有时候长达几小时。如果你想看看毕加索、帕洛玛和克劳德在一起画出了什么，往回翻一页就可以了！

毕加索不断尝试新的绘画技法。他不仅画画，还用不寻常的材料制作奇妙的雕塑。这些你都能从这本书中了解到。

最后你将知道，如何辨别毕加索的艺术，以及他与其他的著名画家有何不同。

画家毕加索与他的孩子克劳德、帕洛玛共同作画

小丑的
绚丽服装

为保罗拉起帷幕！毕加索在这幅画作中画了自己的小儿子。安安静静地坐这么久，对保罗来说肯定很累！

他穿的这一身多漂亮、多绚丽，就像一位王子！但他戴的不是王冠，而是一顶多角帽，看上去和海盗的帽子差不多。相应的外套是一种小丑服，就像马戏团里的小丑穿的一样。

毕加索交替使用温暖的黄色和冰冷的蓝色来绘制衣服上的彩色菱格。涂好的色块都由深蓝色的线条勾边。这些颜色在沙发构成的黑暗背景前多么闪亮！

毕加索很喜欢小丑的服装，因为它们有色彩丰富的大块图案。他非常仔细地描画了保罗的服装，包括领口和袖口的花边。画作的其他部分看起来却仿佛还没有画完！你相信吗？毕加索是故意让椅子的其余部分和保罗的双脚就这样的！

你也想扮成小丑吗？毕加索一生都爱扮小丑，即便长大后成为了知名艺术家，也依旧如此。当他还是小男孩、还在西班牙时，他看过一场斗牛比赛，之后久久不能平静，直到终于能近距离看清并描摹斗牛士的衣服。后来他还为剧院设计了许多戏服。

第 9 页：《穿小丑服装的保罗》

毕加索与曼陀林琴、猫咪在工作室

你能从右边的图画中认出三个音乐家吗？这些滑稽的形象看起来像是完全用剪碎的纸片粘连、拼贴组成的。每张纸片属于哪个音乐家？毕加索画的不是脸，而是面具！

中间的小丑穿着带有彩色图案的服装，弹着吉他。毕加索喜欢乐器，尤其是它们的形状。谁在吹长笛？那是皮埃罗，一名小丑，他总是穿白衣服，通过这一点就能认出他来。有时候，比如在这幅画中，他还戴着黑色的半罩面具。

第三个人有长胡子，穿着黑披风，是一名僧侣吗？他用什么演奏？是手风琴吗？还是说他只负责拿乐谱？

我看到了一些你没看到的东西，就是那块棕色！一条狗的影子！你发现它了吗？毕加索真的把一条狗藏在了桌子下面！

《三个音乐家》

形状的游戏

这个彩色脸、绿辫子的人是谁？是玛亚。在这幅画中，毕加索画了他的大女儿，此时她 3 岁。他经常画自己非常熟悉和喜欢的人。这幅画只是毕加索为玛亚所画的五幅肖像之一。在每幅画中她看起来都不一样！

玛亚的头发染色了吗？滑稽的是，两只眼睛也并不协调。**其中一只是歪了吗？**她用那只长眼睛看向我们，另一只则看着旁边。注意，鼻子和嘴巴也分别朝向前方和一侧！仔细看去，不知道玛亚是悲伤还是高兴。

你经常能看到毕加索使用这种画法。他把人物画成这样，让我们仿佛同时看到不同的面。

玛亚的脸仅仅由多彩的色块组成——看起来就像一颗五颜六色的骰子。不过，不只是她的头由有棱角或尖利的形状构成。她坐在一张黑色的花地毯上。她的身边还放着一个球体。

那是玩具球还是毛线球？她的手里拿的究竟是什么？紫色和绿色的三角是玩具船的帆吗，还是她的衣服？除此之外还有更多的三角！**你能找到多少个彩色的三角形？**

第 13 页：《玛亚和船》

与平常一样，毕加索也在这幅画的背面详细地记下了创作的地点和时间：在迪纳尔——法国布列塔尼地区的一个地方，他与妻子奥尔加于海边度假时。

大海、沙滩和冒出水面的岩石，这一切你都很容易辨认。但那些沐浴的女人呢？或许是快活的度假泳客吧！左边那位手中拿着钥匙、打开这间小浴场的女人，像是一根有脸的香蕉！又像是一只回旋镖。有什么女人会长成这副模样？如果她把球扔出去，另一人就跌倒了。站在中间的女人，双腿像两根棍子，脸像纽扣。右边那位呢？双三角女士，手臂像大象鼻子，头发像刷子。球体？数字？字母？标志？毕加索说："我描绘我看见的东西，有时用这种形状，有时用那种。"

毕加索总能创造新鲜、独特的形状。当他还是孩子、像你这么大时，他就在目之所及的一切事物中看到了形状。

比如数字7——对他而言它是一只倒着画的鼻子。而数字0只是鸽子的一只眼睛！

你也能从数字中发现形状吗？

毕加索喜欢反复使用某些绘画主题。沐浴的人像在多年之后又出现在毕加索的画作中——那时他就生活在海边，每天与孩子们去沙滩游玩。他把他们不断地画成不同的样子！

《沙滩上的泳客》

毕加索的一生

1881年－1973年

1881 年   毕加索出生于西班牙的城市马拉加（位于安达卢西亚地区）。幼年他就展现了卓越的绘画天赋。他从他担任绘画老师的父亲那里学到了很多。

1891 年   全家迁往西班牙北部的拉科鲁尼亚。他在父亲任教的艺术学校上课。12 岁时，他就能像成年画家一样作画。一年后，他年仅 7 岁的妹妹孔瑟达去世。这件事他一生也无法释怀。

1895 年   毕加索通过了巴塞罗那的艺术学校的入学考试，此时全家住在巴塞罗那。接下来数年，他勤奋地参加艺术课程，后转至马德里。他的画作赢得称赞，甚至获奖。

7 岁的毕加索与姐姐洛拉

1900 年　毕加索第一次前往法国巴黎。他开始绘制大量深蓝色调的画作。他这段"蓝色时期"的画作主要展现了穷人和乞丐的形象,然而无人购买。他常常由于生活拮据而吃不饱饭。因为经常没钱买画布,他也在工作室的墙上作画。

1904 年　毕加索定居在巴黎。他与他的西班牙朋友们常去马戏团,画小丑和杂耍艺人。他常在画作中使用粉色和赭石色,因此这段时期后来又被称为"粉红色时期"。

毕加索著名的立体主义画作中的一幅:《咖啡馆里的小提琴》

1908 年 毕加索与他的画家朋友乔治·布拉克同时创立了全新的绘画流派:他把他所展现的人物和物体拆分成简单的几何形状。还从来没有人这样做过!这些画作使他扬名四海。人们称这种画派为"立体主义"。

1917 年 毕加索与俄国舞蹈家奥尔加·柯克洛娃相恋,一年后结婚。毕加索为剧院设计了许多戏服和舞台布景。

1921 年 儿子保罗出生。此时的毕加索已能依靠艺术过上优渥的生活。他经常画奥尔加和保罗,比如你已经认识的那幅《穿小丑服装的保罗》。

毕加索与儿子保罗在迪纳尔

毕加索与女儿玛亚、小狗瑞奇在巴黎

1927 年　毕加索爱上了玛丽－特蕾莎·沃尔特。三年后他买下巴黎北部的一座城堡。他在那里创作了许多版画，并设计了线雕及以玛丽－特蕾莎为模特的头部雕塑。

1935 年　女儿玛亚出生。毕加索这时已成为著名的艺术家，世界各地的大型博物馆都展出了他的画作。

1936 年　毕加索爱上了摄影家朵拉·玛尔。她经常出现在他的画作中。西班牙内战开始。毕加索创作了大型壁画，展示巴斯克地区的城市格尔尼卡遭遇的毁灭，使战争的残酷受到关注。

弗朗索瓦丝·吉洛、克劳德和帕洛玛在瓦洛里

1939 年　第二次世界大战期间,毕加索几乎只待在巴黎,继续作画,并用捡拾物和纸制品制作雕塑。1943 年,毕加索结识了女画家弗朗索瓦丝·吉洛,并爱上她。他开始用石板印刷技术进行创作。

1946 年　战争结束,毕加索终于再次前往地中海。他在蓝色海岸的昂蒂布的一座古老城堡——格里马尔迪城堡中居住和绘画,这里现在是一家著名的毕加索博物馆。在法国南部的昂蒂布,毕加索还发现了陶土这种材质在艺术表达上的全新可能性。1947 年,儿子克劳德出生。

1948 年　毕加索、弗朗索瓦丝和克劳德迁往瓦洛里附近。1949 年,他为一场和平大会设计海报,运用了白鸽的形象,后来举世闻名。他将同年出生的女儿命名为西班牙语的"鸽子"——帕洛玛。

1953 年　毕加索爱上了雅克琳娜·罗克。之后他与她一同生活在他热爱的法国南部。他们住在戛纳的"加利福尼亚"别墅,随后迁往他在沃韦纳尔格的城堡,后来搬到位于穆然的圣母院(Nôtre-Dame-de-Vie)乡村别墅里。毕加索继续不知疲倦地创作油画、素描、水泥雕塑、铜版画和芭蕾舞服装。

毕加索和雅克琳娜在"加利福尼亚"别墅跳舞

1961 年　毕加索与雅克琳娜·罗克结婚。世界各地庆祝毕加索的 80 岁生日。

1973 年　毕加索逝世，享年 91 岁。他早已是古往今来最著名的艺术家之一。他的画作如今跻身于世界上最贵的画作行列。

我不寻找，
我看见

如果手上没有握着画笔，毕加索就一定要制作点什么物件。毕加索非常热衷于做手工！他总是带着小刀，好用剩下的木料为女儿帕洛玛刻个小人像或玩偶。

他把杂七杂八的东西拿在手里。一点木头、一点石膏，用两截金属线绕一绕，毕加索的手指就能把这些材料变成了不起的艺术品：一只可以前后摆动、仿佛要起飞的小鸟。

只用纸张，他也可以做出各种各样的雕塑。他为孩子们做各种小玩意，包括漂亮的纸项链，这个或许你自己也做过。

有一次，毕加索在朋友的金属工厂里发现了一片折叠的铁皮。用这个可以做出多棒的小人儿呀！这位小脑袋、怪鼻子的艺术人儿看起来就像险些要摔跤似的。或许它在跳舞？它被固定在支架上，这样就不会跌倒了。它是"足球运动员"？它穿的是球衣，还是一件连裤套装？两只鞋也不一样？

对于像"足球运动员"这样的铁皮雕塑，毕加索先要用纸张或纸板做模型。他在纸张或纸板上把人物画好、剪好，再从特定的位置折好，使它们焕发生机。在朋友的工厂里，工匠们随后会把金属板切割成他所要求的样式。毕加索十分留意工匠们是否精确地按照他的模型进行操作。他时常在这项工序之后给金属雕塑上色。

《足球运动员》

绘有猫头鹰的陶盘

木头，纸张，铁片，陶土。就像他的艺术家朋友米罗一样，毕加索会尝试一切。当毕加索住在法国南部盛产陶器的小城瓦洛里时，著名陶艺家拉米耶（Ramié）及其夫人曾邀请他参与陶土创作。没过多久，毕加索就掌握了这项技术，就像生来便精通此道一般。轻轻捏捏，不施重压，他用双手塑造出陶罐和陶壶，还会用陶轮塑造公牛、鸽子及许多其他动物的形状。

毕加索与他经过驯化的小猫头鹰在巴黎的工作室

毕加索一直很喜欢猫头鹰，这种神秘的鸟有奇特的眼睛。在昂蒂布时，他曾收养一只受伤的小猫头鹰，将它照顾至康复。突然间，他的素描、画作和各种艺术作品中都出现了猫头鹰的身影。

这只陶制猫头鹰的脑袋看起来和停车牌差不多！或许像一张盘子？塑形过的陶土先要在高温炉里烧制。烧好后，毕加索再给它的脑袋和身体画上标志性的黑条纹作为羽毛。

这本书中还藏着一只陶制猫头鹰！你能找到它吗？

《猫头鹰》

《山羊》

毕加索收集稀奇古怪的东西,并把它们保存起来。其中十分怪异的物件,除他之外谁也不会在意,他却能将它们做成艺术品。毕加索很喜欢的动物还有山羊。背上一片棕榈叶,腹部一个草篮,胸前一盒罐头,木块和铁块做蹄子和尾巴,葡萄藤根做羊角和胡子,两把陶壶做乳房,再加上硬纸板——这些组装在一起并用石膏粘连,就成了"山羊"!

像"山羊"这样用捡拾物做的雕塑,毕加索会在做成之后多次灌注青铜。你知道青铜吗?这种材料像石头一样硬、像冰一样凉吗?

有一只像上图这样的青铜"山羊",在他的"加利福尼亚"别墅伫立了许多年。在那里,还有一头活生生的山羊与他做伴,芳名"埃斯梅拉达"。

毕加索与他的山羊埃斯梅拉达

毕加索在"加利福尼亚"别墅的"仙境"。
墙上挂着他为妻子雅克琳娜画的肖像

绘画、家具、堆积成山的纸张——像小孩子的房间一样杂乱无章！在工作室里，毕加索需要这种无拘无束的混乱来获得新的灵感。

看看旁边那张图：真是个五颜六色的大杂烩！棕榈叶，一只红鸟，在空中飘摇的花朵？金币雨？一座带抽屉的陶瓷小屋，一张用脸当靠背的椅子。

十字下面藏着宝吗？纸张下方的数字到底是什么意思？是一道算术题吗？还有不同的颜色！

这张图或许是印出来的？这是石板印刷的。石板印刷？它是一种用粉笔直接在石板上作画的印刷技术。通过特制的印刷机，这种石板可以随心所欲地印出大量影印件，操作者只需不断涂颜料即可。毕加索喜欢这项具有艺术性的技术，有了它，他就可以一块石板、一块石板地扩展，还可以改变作画的主题。

完成这样一幅画，需要把多种颜色以相叠的方式印刷在纸上。你能看出有多少种颜色吗？在下方，也就是靠近画作边缘的地方，你还能辨认毕加索是哪一天在"加利福尼亚"别墅的工作室里创作的这幅石版画。

《在毕加索的工作室》

毕加索，
变化的艺术家

只用一种方式作画，对毕加索来说实在是太无聊了。一旦厌倦了刚刚钻研出来的方式，他就立刻再找新的。请再看看第 9 页和第 13 页中他的孩子保罗和玛亚的两张肖像：它们看起来天差地别！

那么在这幅画中呢？有两个在室外的花园里坐着画画的孩子。他们的画纸还是空白的。他们俩闭上眼睛了吗？或许他们在思考该画什么？

在这里，毕加索仅用几种有力的色彩、简洁的黑色线条和轮廓，再现了克劳德、帕洛玛和植物。他们俩到底坐在什么上面？是蓝罩子上，还是毯子上？明亮的绿色使人想起青草和树枝——就像春天里一样。

画克劳德用了很多蓝色。他也有两张脸吗？毕加索用笔杆在克劳德的后脑勺和背上留下了色泽更加湿润的擦痕。克劳德身上的那些白线看起来像是阳光。

帕洛玛的一只手是透明的吗？她哥哥的一只手只有四根手指吗？或许是孩子们画成这样的。在这本书的另一幅画中，你见到过画得非常相似的手，看起来像仙人掌。是哪幅画呢？

第 31 页：《克劳德和帕洛玛在画画》

《猫头鹰》

毕加索热爱色彩，以及法国南部蓝色海岸的阳光，在这里，天空一片蔚蓝，大海也是。

这里住着饲鸟人吗？那边是有岛屿的大海！阳台上蹲着两只鸽子，它们竖起羽毛了吗？这幅画的色彩多么绚丽！你可以从中看到，毕加索是如何用明亮的、充满阳光的颜色，同时又用许多黑色，将别墅阁楼的视野和作画时陪伴他的鸽子传达到画布上。

毕加索总是在工作室里养许多动物：狗、猫、山羊、鹦鹉、长尾猴、乌龟，甚至曾在书桌抽屉里养了一只小白鼠，但一般是鸽子，他儿时就在自己的第一册课本上画过它们。

第33页：《鸽子》

这些面具要驱什么鬼?毕加索用纸张和陶土制作的面具挂在一张来自西非的木面具旁边

你见过真正的来自非洲的木面具吗?

当地人在跳舞和庆祝时会戴上它们。他们相信,面具拥有魔力,可以使人免受恶鬼的伤害。毕加索在巴黎的时候,身为年轻艺术家的他就已经对这些非洲的人像和面具着迷了,甚至有自己的集藏。

圆形的眼睛!矩形的嘴巴!三角形的鼻子!毕加索发现,这些带有简单形状的面具是那么有冲击力,所以他在自己的许多画作中也用面具风格的笔法来画脸。

戴公牛面具的毕加索

斗牛是毕加索喜爱的主题之一。即便年纪很大了,他依旧会兴致勃勃地和法国南部的朋友们一起去参观斗牛场。往后翻几页,看看毕加索怎样用老旧的车把手和自行车座变出公牛头!

毕加索在他的艺术作品中展现了他眼前的东西,以及对他而言重要的东西:他的家人和朋友,动物,他的居住地的风光。大海、鱼、泳客、马戏团的小丑和人员、音乐家、乐器以及斗牛都是他的绘画对象。毕加索用多姿多彩的形状、颜色、技法和材料,将自己的绘画主题和想法不断推陈出新。

毕加索说:"我想成为画家,却成为了毕加索。"

毕加索在自己位于瓦洛里的工作室中拼装一个新雕塑

在工作室

从这两张照片中你可以观察到，毕加索正在将找到的材料制作成雕塑。这尊人像还没有全部完成。

他的工作室中保存着大量的捡拾物，他正在从中寻找用于制作人像的东西。一张平板，一个长长的金属块，各种大管子和木块，一条挂着叶子的干树枝。

终于，他把所有部分都放在一起了，它们将要组成毕加索出品的人像！

创意工作坊

收集日常的小物件，只要你喜欢它们的形状或结构——弯曲的叉子、钢丝、螺丝、河里的浮木、晾衣夹、软木塞或其他东西。

等你有了足够的捡拾物之后，从中选取最好的部分，把它们拼成一个人像：身体、手臂、双腿、脑袋。你可以用线或绳子进行缠绕或打结，使它们连在一起。成功了吗？不成的话，就找人帮帮你。

在硬纸板上画面具，画出脑袋、眼睛、鼻子和嘴巴。剪掉眼睛，要剪得让自己能方便向外看。你想扮成谁？硬纸板小姐？小狼？亲爱的猫咪？危险的妖怪？你需要长长的鸟鼻子，还是圆圆的熊鼻子？要耳朵还是兽角？这些用剩余的纸板就能很快做出来。用万能胶把它们粘好。

然后用彩色笔或明亮的油画棒给面具涂色。你也可以用金箔、亮片、羽毛或宝石装饰它——随你喜欢！如果你想把面具戴起来，就用剪刀在两边各剪一个洞，系上橡皮筋。也许你想把面具挂在自己的房间里，说不定你可以用它驱赶屋子里的魔鬼呢！

博物馆

也许你现在变得很好奇,想更深入了解毕加索。下列是存有毕加索原作的一些博物馆,在这些博物馆中,你可以真真切切地观赏这位著名的西班牙画家的画作或雕塑。有没有哪个博物馆在你附近?

德国
- 弗里德·布尔达博物馆,巴登-巴登 www.museum-frieder-burda.de
- 新国家美术馆,柏林 www.neue-nationalgalerie.de
- 伯格鲁恩博物馆,柏林 www.smb.spk-berlin.de/shb
- 比勒菲尔德艺术馆,比勒菲尔德 www.kunsthalle-bielefeld.de
- 不来梅艺术馆,不来梅 www.kunsthalle-bremen.de
- 东墙博物馆,多特蒙德 www.museumamostwall.dortmund.de
- 北莱茵-威斯特法伦艺术品收藏馆 K20 展馆,杜塞尔多夫 www.kunstsammlung.de
- 弗柯望博物馆,埃森 www.museum-folkwang.de
- 施泰德博物馆,法兰克福 www.staedelmuseum.de
- 汉堡美术馆,汉堡 www.hamburger-kunsthalle.de
- 施普伦格尔博物馆,汉诺威 www.sprengel-museum.de
- 卡尔斯鲁厄国立艺术馆,卡尔斯鲁厄 www.kunsthalle-karlsruhe.de
- 路德维希博物馆,科隆 www.museenkoeln.de/museum-ludwig
- 威廉·哈克博物馆,路德维希港 www.wilhelm-hack-museum.de
- 现代艺术陈列馆,慕尼黑 www.pinakothek-der-moderne.de
- 毕加索版画博物馆,明斯特 www.graphikmuseum-picasso-muenster.de
- 萨尔州立博物馆,萨尔布吕肯 www.saarlandmuseum.de
- 斯图加特国立美术馆,斯图加特 www.staatsgalerie.de
- 冯·德尔·海特博物馆,伍珀塔尔 www.von-der-heydt-museum.de

奥地利
- 阿尔贝蒂娜博物馆,维也纳 www.albertina.at
- 奥地利 BA-CA 艺术论坛,维也纳 www.ba-ca-kunstforum.at
- 路德维希基金会现代艺术博物馆,维也纳 www.mumok.at

瑞士
- 巴塞尔艺术博物馆,巴塞尔 www.kunstmuseumbasel.ch
- 伯尔尼艺术博物馆,伯尔尼 www.kunstmuseumbern.ch
- 罗森加特收藏博物馆,卢塞恩 www.rosengart.ch
- 拜尔勒基金会美术馆,里恩 www.beyeler.com
- 温特图尔艺术博物馆,温特图尔 www.kmw.ch
- 苏黎世美术馆,苏黎世 www.kunsthaus.ch

毕加索在昂蒂布的格里马尔迪城堡画海胆。
现在那里是一家著名的毕加索博物馆

法国
- 毕加索博物馆，昂蒂布 www.antibes-juanlespins.com/fr/culture/musees/picasso
- 毕加索博物馆，巴黎 www.musee-picasso.fr

西班牙
- 毕加索博物馆，巴塞罗那 www.museupicasso.bcn.es
- 毕加索博物馆，马拉加 www.museopicassomalaga.org
- 毕加索博物馆，马德里 www.madrid.org/museo_picasso

"有一天我拿起自行车座和把手,把它们放在一起——我做了个公牛头。棒极了!"

图片来源

- 第 1 页：《和平鸽》，1961 年 12 月 28 日，石板印刷 © Succession Picasso / VG Bild-Kunst, Bonn 2007
- 第 3 页：《生活的乐趣》，1946 年，硬纸板油画（漆画），120 厘米 x 250 厘米，昂蒂布毕加索博物馆 © Succession Picasso / VG Bild-Kunst, Bonn 2007
- 第 4 页：《帕布罗、帕洛玛和克劳德：作画时刻》，1953 年，纸上的铅笔画，66 厘米 x 49.5 厘米 私人收藏（爱德华·奎因拍摄）© Succession Picasso / VG Bild-Kunst, Bonn 2007
- 第 9 页：《穿小丑服装的保罗》，1924 年，布面油画，130 厘米 x 97.5 厘米，巴黎毕加索博物馆 © Succession Picasso / VG Bild-Kunst, Bonn 2007
- 第 11 页：《三个音乐家》，1921 年，布面油画，200.7 厘米 x 222.9 厘米，纽约现代艺术博物馆 © Succession Picasso / VG Bild-Kunst, Bonn 2007
- 第 13 页：《小女孩和船（玛亚）》，1938 年，布面油画，61 厘米 x 46 厘米，卢塞恩罗森加特收藏博物馆 © Succession Picasso / VG Bild-Kunst, Bonn 2007
- 第 15 页：《沙滩上的泳客》，1928 年，布面油画，21.5 厘米 x 40.4 厘米，巴黎毕加索博物馆 © Succession Picasso / VG Bild-Kunst, Bonn 2007
- 第 18 页：《咖啡馆里的小提琴》，1913 年，布面油画，81 厘米 x54 厘米，卢塞恩罗森加特收藏博物馆 © Succession Picasso / VG Bild-Kunst, Bonn 2007
- 第 23 页：《足球运动员》，1961 年，铁皮，裁剪和上色，58.3 厘米 x 47.5 厘米 x 14.5 厘米，巴黎毕加索博物馆 © Succession Picasso / VG Bild-Kunst, Bonn 2007
- 第 24 页：《刻在棕色底盘上的谷仓猫头鹰》，1947 年，陶土，38.5 厘米 x 32 厘米，昂蒂布毕加索博物馆 © Succession Picasso / VG Bild-Kunst, Bonn 2007
- 第 25 页：猫头鹰，1950/1951 年，彩绘陶，34 厘米 x 35 厘米 x 22 厘米 © Succession Picasso / VG Bild-Kunst, Bonn 2007
- 第 26 页：《山羊》，1950 年，青铜，120.5 厘米 x 72 厘米 x 144 厘米，巴黎毕加索博物馆 © Succession Picasso / VG Bild-Kunst, Bonn 2007
- 第 29 页：《在毕加索的工作室（在戛纳的工作室）》，1955 年 11 月 13 日，石板彩印，明斯特毕加索版画博物馆 © Succession Picasso / VG Bild-Kunst, Bonn 2007
- 第 31 页：《克劳德和帕洛玛在画画》，1954 年，布面油画，92 厘米 x 73 厘米，私人收藏，新泽西州纽瓦克 © Succession Picasso / VG Bild-Kunst, Bonn 2007
- 第 32 页：《猫头鹰》，1946 年，铅笔画 © Succession Picasso / VG Bild-Kunst, Bonn 2007
- 第 33 页：《鸽子》，1957 年，布面油画，100 厘米 x 80 厘米，巴塞罗那毕加索博物馆 © Succession Picasso / VG Bild-Kunst, Bonn 2007
- 第 37 页：《孩子们做的面具》（贝恩德·利芬拍摄）
- 第 41 页：《公牛头》，1942 年，装置，原始配件：自行车座和把手（皮和金属），33.5 厘米 x 43.5 厘米 x 19 厘米，巴黎毕加索博物馆 © Succession Picasso / VG Bild-Kunst, Bonn 2007

照片来源

- 第 7 页：毕加索、克劳德和帕洛玛，瓦洛里，1953 年
  爱德华·奎因拍摄 © edwardquinn.com
- 第 10 页：帕布罗·毕加索：在他位于克里希大道的工作室里的自画像，1910 年 12 月 11 日
  © Succession Picasso / VG Bild-Kunst, Bonn 2007
- 第 17 页：7 岁的帕布罗·毕加索与姐姐洛拉，1888 年
  © Succession Picasso / VG Bild-Kunst, Bonn 2007
- 第 19 页：毕加索和儿子保罗在迪纳尔，1922 年
  © Succession Picasso / VG Bild-Kunst, Bonn 2007
- 第 19 页：毕加索、女儿玛亚和她的小狗瑞奇在位于巴黎亨利四世大道的住所的阳台上，1944 年
  © Succession Picasso / VG Bild-Kunst, Bonn 2007
- 第 20 页：瓦洛里，"加卢瓦"别墅，1953 年
  爱德华·奎因拍摄 © edwardquinn.com
- 第 21 页：毕加索和雅克琳娜在"加利福尼亚"别墅跳舞
  大卫·道格拉斯·邓肯拍摄 © David Douglas Duncan
- 第 25 页：毕加索与他从昂蒂布带来的猫头鹰在他位于巴黎的工作室，1947 年
  © Succession Picasso / VG Bild-Kunst, Bonn 2007
- 第 27 页：毕加索和山羊埃斯梅拉达，戛纳，"加利福尼亚"别墅，1956 年
  爱德华·奎因拍摄 © edwardquinn.com
- 第 28 页：餐桌、餐柜和上方两张雅克琳娜在"加利福尼亚"别墅工作室的肖像，1954 年
  爱德华·奎因拍摄 © edwardquinn.com
- 第 34 页：挂在小幅粉笔画旁边用纸板和陶做的面具及来自非洲的木面具
  爱德华·奎因拍摄 © edwardquinn.com
- 第 35 页：毕加索和公牛面具，戛纳，"加利福尼亚"别墅，1959 年
  爱德华·奎因 拍摄 © edwardquinn.com
- 第 36 页："富尔纳"别墅，瓦洛里，1953 年
  爱德华·奎因拍摄 © edwardquinn.com
- 第 36 页："富尔纳"别墅，瓦洛里，1953 年
  爱德华·奎因拍摄 © edwardquinn.com
- 第 39 页：毕加索正在画海胆的侧身像，1946 年
  米歇尔·西玛拍摄 © Rue des Archives, Paris
- 第 44 页：毕加索与面团手指，1952 年
  罗贝尔·杜瓦诺拍摄 © Robert Doisneau / Rapho / laif, Köln

图书在版编目(CIP)数据

谁是毕加索？/（德）布丽塔·本克（Britta Benke）著；南曦译. -- 长沙：湖南美术出版社，2019.02（发现艺术家）
ISBN 978-7-5356-8529-2

Ⅰ.①谁… Ⅱ.①布… ②南… Ⅲ.①毕加索（Picasso, Pablo Ruiz 1881-1973）—生平事迹 ②绘画—作品综合集—西班牙—现代 Ⅳ.①K835.515.72 ②J231

中国版本图书馆CIP数据核字（2018）第294462号

Wer ist eigentlich dieser Picasso?
Text copyright © 2007 Britta Benke
Copyright © Kindermann Verlag, 2007
Chinese language edition arranged through HERCULES Business & Culture GmbH, Germany

本书中文简体版权归属于银杏树下（北京）图书有限责任公司

版权登记号 图字18-2018-343

谁是毕加索？
SHUI SHI BIJIASUO

出 版 人：黄啸	
著　者：[德] 布丽塔·本克	译　者：南 曦
出版策划：后浪出版公司	出版统筹：吴兴元
策划编辑：蔡军剑	编辑统筹：冉华蓉
责任编辑：贺澧沙	特约编辑：康晴晴
营销推广：ONEBOOK	装帧制造：墨白空间
出版发行：湖南美术出版社 后浪出版公司	
印　刷：天津图文方嘉印刷有限公司	
开　本：889毫米×1194毫米 1/16	字　数：55千字
印　张：2.75	版　次：2019年2月第1版
书　号：ISBN 978-7-5356-8529-2	印　次：2019年2月第1次印刷
定　价：49.80元	

读者服务：reader@hinabook.com 188-1142-1266
投稿服务：onebook@hinabook.com 133-6631-2326
直销服务：buy@hinabook.com 133-6657-3072

后浪出版咨询(北京)有限责任公司常年法律顾问：北京大成律师事务所　周天晖 copyright@hinabook.com
未经许可，不得以任何方式复制或抄袭本书部分或全部内容
版权所有，侵权必究
本书若有质量问题，请与本公司图书销售中心联系调换。电话：010-64010019

Picasso

Picasso

Picasso